거짓말처럼

거짓말처럼

박복영 시집

문학의전당

自序

돌아보면
낮익은 어둠만 따라와 있다.
그 틈에 낀
살아 있는 것들의 흔들리는 삶이
내 맨발의 시詩에
굳은살을 얹는다.
아직, 가볍다.

사랑하는 어머니에게
이 시집을 바친다.

2010년 봄에
박복영

차례

1부 빈집의 고요가 햇살의 향기를 길어 올린다

2부 유배지에서

3부 귀가도를 읽다

1부

빈집의 고요가 햇살의 향기를 길어 올린다

거짓말처럼 1
—잔영殘影 혹은

장맛비 잠시 그친
뱀사골 은행나무집 평상 아래
햇살의 향기에 목마른
아직 푸른 잎들과 화끈화끈한 붉은 꽃잎들……

떠나지 못한 빗방울 속 유채색 꿈들이
청보리밭 물결소리였다가
철로변에 물드는 놀빛이었다가
탱자나무 사이 노란 달이 된다.

부딪치며 부딪치며
흔들리며 흔들리며 살아도
안으로 안으로 든
햇살을 내보이지 마라

오래된 햇살은 우기雨期의 발자국이다.

거짓말처럼 2
—상처傷處

아지랑이의 낚싯줄에 걸린 연초록 음정이 낮게 아주 낮게 오르고 있다. 튄 고인 물이 스타카토로 한 소절을 끌어당긴다. 마른 땅을 찢고 일어선 상처만큼 강해지는 푸른 내면이 천상과 지상의 운율을 적고 있다.

모데라토. 알레그레. 아다지오…… 마른 땅이 노래하는 길 위에서 당신은 무엇을 작곡할 것인가. 백색의 종이 위에 처음 시작할 음표는 어떻게 걸어둘 것인가. 만일 무심코 작곡했다면 당신은 썼다 지우며 오래전에 잃어버린 음표를 찾아 발자국을 뒤적일 것이다.

낡은 묘지 앞에 선 아이들이 가을 햇살에 낮게 아주 낮게 오르고 있다. 겨울밤을 홀로 견딘 당신의 푸른 내면이 세상의 운율을 적고 있다. 영영 아물지 않는 상처를 삼킨 당신은 씨앗들의 상처를 볼 것이다. 아이들의 음정을 들을 것이다. 지상의 음표 키울 것이다.

거짓말처럼 3
—야생화

"기여. 아니여. 구녕이 아닝가벼어"

뻘 속에 박은 두발 무릎을 뻘에 기댄 채 두 팔마저
뻘 속에 집어넣고 구멍을 찾고 있는.

박은 발을 뽑을 때마다
빨판처럼 쩍쩍 달라붙는 소리가
서러운 울음소리처럼 청청한데 돌아보면
푹 패인 발자국에 고이는
저 검은 물빛 속으로
투신하는 햇살들의 무늬, 무늬들처럼.
이 악물고 미끄덩거리며 달아나는
맑은 바람, 바람들 속으로
울컥, 토해지는 비린 향기처럼.

맨몸으로 잡혀 나와 흐느적거리는 낙지의 몸부림마저 뻘물에 쓰윽, 흔들어 씻는, 저 까만 손톱마저 닳은 채 굽어 뒤틀린 손가락 매듭 속에 갇혀 있는 삶의 향기. 가득한

꽃. 피다만

거짓말처럼 4
―춘니春尼

잠시 들른 빗물을 베어 문 갈라진 흙이 향내를 푼다. 기억을 더듬는 바람이 꼬리에 꼬리를 물고 매립된 저수지 주변에서 중얼거린다.

돌아오는 길. 멈춰 서서 울컥, 울어버리고 싶은 생각들이 감춰진 군데군데. 끝끝내 놓지 않는 삶의 집착에 나른한 졸음이 흔들린다.

세상은 흔들릴수록 살만한 거라며, 일어설 때마다 비로소 풀어지던 질척한 생生의 뼈아픈 그림자들.

무명無名의 발자국을 안고 마르고 늙어가는 진흙의 얼굴 위로 환청처럼 시간의 영혼이 파랗게 자라고 있다. 무심하게 무심하게

거짓말처럼 5
–소금창고

창틀 위에
회색 늙은 거미가 오래된 활자처럼 박혀 있었다
구석구석 어둠처럼 무성한 고요 속에
찢어진 거미줄이 혼자 흐느꼈다
세상의 환한 햇살은 아무 데도 없고
가렵도록 지루한 시간의 먼지만 두툼하였다
비린 내음이 맨발을 따끔거리며 출렁이던
땡볕 기억은
비늘처럼 늘어선
검은 판자벽 속으로 숨어들었고
세월의 기다림에 고단한 듯 빠져나온 녹슨 못은
깡마른 몸으로 붉은 울음만 게워 놓았다
햇살 따가울수록
물빛 그리움으로 하얗게 피어오르던 태양의 흰 꽃들.
어디 갔을까
갯바람이 양철지붕을 덜컹거리며 안부를 물었다
처마 밑으로 찢어진 거미줄이
출렁거리며 사라진 이름들을 부르고 있었다
구석구석 어둠처럼 무성한 고요 속에
회색 늙은 거미가 오래된 활자처럼 말라 있었다
세상은 온통 흑백이었다

거짓말처럼 6
–덩굴손

돌돌 말린, 참을 수 없는 욕망이 먹구름을 찢으며 비를 쏟고 있다. 검은 몸 안에서 토해내는 저 맑은 영혼의 쓰라린 몸부림은 양지를 향한 둥근 악보다.

호박 덩굴이 햇살을 당기며 돌담을 오르고 있다. 수직 상승의 원초적 욕망이 꿈틀거릴 때마다 돌돌 말린 노린재, 지네, 지렁이의 더듬이에 살아있는 감각적 지류의 덩굴손들처럼.

오래도록 흙 속에 살아 음지의 껍질마저 벗어버리지 못하고 굽어 갈라진 채 뒤틀린 어머니의 덩굴손. 열 손가락에 걸린 음들이 툭, 툭 떨어져 덜덜거리는 선풍기 바람 앞에 쭈쭈바를 빨고 있는 저 굵디굵은 매듭을 풀어보라. 굽어 갈라진 채 뒤틀린……

거짓말처럼 7
—인연因緣

비 그친 후
검은 새가 젖은 부리로
가지 끝 겨울 소리를 쪼고 있다.
언 땅을 밟지 못한 햇살들은
빈 가지에 걸려 넘어지고
부러진 나무의 속살처럼
풀 비린내 살갗이 바람에 드러난다.
텅 빈 공중에
푸른 온기 다 빠져나간 마른 이파리 하나가
아직 입을 떼지 못한다.

저 질긴 인연이 새 한 마리 품었을 것이다.

거짓말처럼 8
—착시錯視

털 뽑힌 오리의 날갯죽지 같은 이파리 위에 가까스로 햇살을 받아먹는 가분수의 긴 목이 슬프다. 오리의 목처럼 휘어진 해바라기의 긴 목이 정말 슬프다.

햇살의 向日性에 대한 순종으로 얼굴 가득 촘촘히 드러나는 햇살의 검은 문자들 곁으로 꿀벌들이 모여든다. 순종에선 향기가 나는 것일까. 어쩌다 어쩌다가 노란 꽃잎이 흔들릴 때마다 어린 날 같은 가분수의 고단한 생生은 바람결에 말라 가는데 탱글탱글해져 가는 검은 문자들이 세상 속에 심고 싶은 것은 무엇일까.

호수공원 산책길을 걸어가는 늙은이의 굽은 어깨와 한 점으로 길을 안내하는 지팡이를 따라 짧은 보폭의 발걸음이 뒤 따라간다. 늙은이의 저 발자국에선 어떤 향기가 날까. 딛을수록 가벼워지는 저 발자국 속에 내가 찾아 나선 햇살의 향기들 숨어 있을까.

해바라기의 긴 목이 지팡이로 서 있다.

거짓말처럼 9
ㅡ사티*

구름이 한쪽으로 기운다. 붉은 함지 속 검은 떡붕어들이 밑으로 몰려간다. 산다는 것은 하릴없이 기다리다 가끔 문 밖을 힐끔 쳐다보는 것처럼 서성이는.

인연이란 그런 것이다.
기우뚱거리는 왼발과 오른발처럼
삐걱거리며 가족의 향기를 뿜어 올리는 낡은 밥상처럼
꿈틀거리며 흘러가다 잠시 머무는 강물처럼
비바람에 흔들리다 떨어지는 젖은 이파리처럼
삶에 좇기다 부딪쳐 퍼렇게 멍이 드는 사랑처럼
질긴.

흰 배를 들어 올린 떡붕어의 육체를 덤으로 담아 올린 좌판의 늙은 여자가 기다리다 기다리다 툭, 놓아버리는 시선 같은.

세상 한쪽이 붉다.

*인도, 남편이 죽으면 아내를 같이 태워 죽이는 풍습

거짓말처럼 10

—반추反芻

수족관에 떠오르는 물방울들이 총천연색 불빛들을 빨아들일 때쯤, 탈출을 꿈꾸던 낚지는 스티로폼 뚜껑마저 슬쩍 대어보곤 시치미를 뗄 것이다. 은근히 야행을 기대하며 물 밖의 유리벽을 더듬거리다 킁킁거리며 딱, 딱 발바닥을 들러 붙이는 적한 삶을 추억할 것이다.

늙는다는 것은 때론 시치미를 떼는 일일 것이다.

남는 것은 말라가는 육질의 세포와 좁아진 동공에 물든 총천연색 불빛뿐. 당신은 등가죽 늘어진 몸을 질질 끌면서 온탕에 누워 느리게 떠다니는 삶을 추억할 것이다.

거짓말처럼 11
-대하의 몸에서 죽음 냄새를 읽다

안 잊으마.
맑게 씻은 언약마저 툭, 툭
소금밭에 놓아버린 푸른 저녁.
뜨겁디 뜨건 배반의 인두가
굽은 등짝을 지질 때마다
온몸으로 토해내는 붉은 울음 속으로
피어오르는
고소한 죽음 냄새.

사내의 맑은 소주잔에 떠 있다.

거짓말처럼 12
—햇살을 기억하다

헛간에 연장통을 치우다 상주산 사과상자 하나 헛배처럼 부룩하다. 완자무늬 상자를 풀자 먼지 속으로 똑, 또르르 떨어지는 어린 알감자. 어디서 왔을까. 하나, 둘 들춰 보건만 껍질마저 탱탱한 어린 알감자 출처를 알 수 없는데 탯줄 같은 보랏빛 뼈들을 뚝, 뚝 꺾으며 물씬 썩은 감자 하나 들춰내자 쭈글쭈글해진 몸으로 제 몸을 찢고 보랏빛 탯줄마저 삼켜버린 씨감자 누워 있다. 거기, 자궁처럼 찢어진 몸에 박힌 어린 알감자. 자궁마저 내 보인 채 숨죽인 저 죽일 놈의 사랑. 남은 탯줄을 뚝, 뚝 끊어주자 비로소 입을 놓는 어린 알감자.

햇살을 기억하는지 아직 싯푸르다.

거짓말처럼 13
-순례巡禮

놀빛 속으로 순한 바람이 나뭇가지를 흔든다. 흔들리는 각도 속, 마른 나뭇가지 끝에서 햇살의 동공은 공중에 꽃이 된다.

붉은 햇살은 어둠에 꽃을 피우기 위해 꽃상여를 꿈꾸었을 것이다. 하얀 꽃잎을 펼쳐 보이며 햇살은 홀로 서편으로 걸었을 것이다. 마른 들풀들의 어둠을 뜯어 삼키며 검은 모래사막을 걸었을 것이다.

어디쯤. 언젠가 아무렇게나 걸어간 당신은 오늘,
모래 섞인 하얀 꽃송이를 볼 것이다. 구겨진 채 찢어진.

거짓말처럼 14
—따뜻한 무덤

원곡시민시장 초입. 꼬리마저 구부린 채 붉은 함지에 누운 숭어의 말간 눈이 열렸다 닫힌다…… 흘러가는 순종과 거슬러 오르던 욕망의 경계 속에서 펄떡거릴 때마다 따갑게 달라붙는 혼돈의 햇살들…… 무겁게 가라앉는 고요와 당신은 그렇게 잠들 것이다.

연극이 끝나고 밝은 빛이 켜지면 암중적응暗中適應에서 해체된 당신의 눈은 아름다운 세상을 보려 안간힘을 쓸 것이다. 찌푸린 채 붉어진 곤혹스런 얼굴로.

굴절의 각도를 벗어난 총천연색 불빛들이 모여 뽕짝거릴 때 따뜻해진 물과 붉은 불빛의 혼돈 속에서 촉촉하게 달라붙는 욕망과 당신은 그렇게 잠들 것이다. 미용실과 비디오가게, 안경점과 슈퍼가 줄지어 선 연립과 아파트의 상가들 사이에서 무심코 당신은 따뜻한 무덤을 볼 것이다.

거짓말처럼 15
—윤회輪廻

살다가 흙으로 돌아가는 생生처럼
다시 흙에 생生을 새겨 넣는
노인의 낡은 영혼을 들여다본다.

알전구 불빛 아래 웅크린 그는 지금 생生을 짓고 있다. 손가락 마디마디 낡은 지문들을 뽑아 짓고 있다. 지문들이 지워진 자리에 채워지는 무욕의 생각들이 온몸으로 빚어 올린 생生. 햇살에 몸을 씻은 바람이 잿빛 살갗에 닿을 때마다 새겨지는 푸른 시신경들. 텅 빈 가슴속 어둠을 삼킨 생生은 가마 속에서 뜨겁디 뜨건 불꽃과 긴 동침을 한 후에야 푸른 하늘을 볼 수 있다. 온전한 살갗을 버린 뒤에야 햇살들의 말. 들을 수 있다. 손가락 지문들을 뽑아 빚어 징, 울리는 어느 푸른 영혼의 소리. 들을 수 있다.

살아 있는 것들이 돌아가
환생을 향해 뜨겁디 뜨건 고통마저 견디는
너의 삶에 부끄럽다.

거짓말처럼 16
―천장天葬

등 따갑던 햇살이 먼저 손을 놓더군. 아니, 발자국을 따라 온 뒤꿈치의 뽀얀 먼지가 먼저 경經을 읽더군.

몇 장의 지폐를 챙긴 천장지기의 붉은 어깨자락이 출렁거릴 때마다 해체되는 살과 뼈의 곁으로 갈색 눈을 번뜩이며 다가서는 검은 독수리의 늦은 행보. 하늘로 돌아갈 탈각되는 이승의 영혼마저 기웃거리며, 나는 법조차 잊어버린 저 독수리들. 살아남기 위하여 이제, 짧은 입맞춤을 중원에 흩뿌리며 어둠을 부르리라. 흩어지는 살점들. 붉은 향내를 풀리라.

아직 불씨가 남은 햇살을 길에 두고 나서는데 죽은 자와 산 자의 손을 놓는 건 잠깐이더군. 정말 잠깐이더군.

*천장 : 티베트 순장제, 조장鳥葬이라고도 함

거짓말처럼 17
—배후背後

비에 젖은 채 검은 새 죽어 있다. 반쯤 열리다 멈춘 눈이 하늘을 쳐다본다. 먹장구름에 하고픈 말이 있는 것이다.

날갯죽지가 파먹힌 것처럼 꺾여 있다. 한때, 힘껏 하늘을 차오르던 날들에 수렁 같은 뻐저린 밤이 있는 것이다.

머리마저 뭉턱 젖어 드러난 반쯤 열린 눈알이 붉다. 하늘을 바라보면 두근거리는 부끄러움이 있는 것이다.

검은 새의 삶은 잠*이었을까. 숨마저 멈춘 깊은 잠 속에 숨겨둔 그 꿈은 무엇이었을까.

*알프레드 뒤 뮈세 : 삶은 잠. 사랑은 그 꿈

거짓말처럼 18
–금빛 죽음에 대한 어떤 예감

쏴아. 바람이 분다. 땅 위의 노란 은행잎들이 어디론가 쓸려간다. 해바라기 씨앗처럼 촘촘히 날아와 박히던 노란 태양의 금침들. 떨어져 있다. 화려했던 금빛 인생의 목 끊어진 낡은 죽음이 구린내로 끔찍하다. 잠들지 못하고 여름내 구린내를 거두던 단단한 마음들. 밟힐수록 둥근 속내 감추는데 차마 눈시울을 뜨겁게 적시던 내 사랑은 예감한다.

이제, 내 눈은 찢어진 금빛 울음을 볼 것이요. 내 코는 바람이 끌고 가는 구린 죽음냄새를 맡을 것이요. 내 입은 가을 사랑에 실패한 짓밟힌 실연을 말하리라. 아, 찬란한 황금빛 에고ego여. 둥근 알집 속에 숨어 흔들리다 떨어져 뒹구는, 화려했던 금빛 인생이여.

푸른 심장소리가 들린다.

거짓말처럼 19
—위험한 겨울

어둠은 어두워야 한다. 내 생의 어둠조차 사랑했던 겨울이 간다. 마른 이파리들은 제 몸을 둥글게 말아 쥐고 침묵의 그늘 속으로 찾아 든다. 어디선가 희고 단단한 뼈들을 밟으며 어둠이 창문을 흔들 것이다. 한때 견고했던 뼈들은 이제 창백한 얼굴로 괴로워하리라. 나는 낮은 흐느낌으로 돌계단 밑에 푸른 등을 걸어두고 기다리리라.

친구여. 내가 보낸 외로운 생의 낱말들을 찾아 길 끝에 서 보라. 텅 빈 터널 속 떠도는 겨울 약속들. 들어보라. 나는 그날을 기억할 것이다. 눈물마저 말라버린 그해 겨울. 불빛 없는 길 끝에서 만난 내 흐느낌은 바람소리로 괴로워하리라 마른 이파리의 발자국에 지워질 내 상처의 살점들은 저 홀로 떠나리라.

친구여. 내 사랑에는 죄가 없다.

거짓말처럼 20
–기다림은 추억을 비껴간다

까만 기름때가 묻은 스티로폼
둥둥 떠 있다.
빈 패트병이 스티로폼에 기대어
지나간 태양을 추억한다.
보일락 말락 거꾸로 선 소주병이 깔딱대는 뒤로
스티로폼에 서서 꼼짝 않는
흰 황새의 긴 눈길.

끈적한 갯벌에 조심스레 발자국을 찍는 갈게들.
얿을 미끄러지듯 뛰져 가는 짱뚱어.
놀란 듯 구멍 속으로 달아나 숨는 갈게들.
잠시 보이지 않는다.
파헤쳐진 구멍마다 슬그머니, 능청스럽게 새어나오는
게의 겹눈들을. 뚫어져라 노려보는
흰 황새의 긴 부리.

물 밖의 세상보다 물 밑의 세상이 한층 현실적이지.
구멍마다 능청스럽게 새어나오는 게의 겹눈처럼.
숨을 멈춘 긴 부리의 기다림처럼.
차가운 양식을 기다리는 전철역 계단에 엎드린 사람처럼.

기다림은 추억을 비껴간다.

거짓말처럼 21
―검은 워카

새벽이 너무 추워 납작 엎드린 스레트 지붕이 햇살 몇 조각 쪼아 먹으며 까마귀 울음소리처럼 차가운 눈물을 흘렸다. 온몸으로 식은땀을 토해내며 엷은 숨소리를 두꺼운 솜이불에 숨겨두던 셋째형은 방 안 가득 따뜻한 잠을 자는 초록빛 나뭇가지들을 바라보며 머릿속에 출렁이는 강물만 담은 채 어두운 먼 길을 떠났다. 낡은 이불 속에서.

―아버지. 추워요. 너무 추워서 견딜 수가 없어요

흔하디 흔한 햇살 한 조각 만져보지 못한 채 발자국마다 담배 연기 뽀얀 만화방의 흐릿한 불빛과 몇 줌의 보리쌀을 기억하며 떠나간 길 쪽으로 핏빛 놀이 지고 있었다. 아버지는 마른 가지들의 짧은 대화만 아궁이에 쓸어 넣으며 부지깽이 끝으로 받아 적었고 아무것도 모르는 가난은 핏빛 놀보다 진한 군불만 아궁이에 피워 올렸다. 방문 앞에 흩어진 셋째형의 검은 워카만이 뎅그랑뎅그랑 형의 이름을 부르고 있었다.

지붕 위에 흰 별꽃들이 잠들지 못하고 떠돌 뿐이었다.

거짓말처럼 22
—중심中心에 대한 크로키

프롤로그

기억은 어두울수록 꺼지지 않는 생의 불씨를 지녔다.

#1. 덩굴

음식물 찌꺼기를 버리던 철조망에 악착같이 붙잡고 선 호박 덩굴. 말라 있다. 허공에 길을 찾는 가는 발목에 피곤처럼 때늦은 푸른 호박이 애처롭게 매달렸다. 늦가뭄에 뻐근해진 발목이 목마름에 지쳐 노오랗게 마를 때까지 절뚝거리며 다시 걸어야 할 저 속절없는 호박덩굴의 중심은 무엇인가.

#2. 거미줄

공중에 층층이 올라선 이파리들이 계단을 짓는다. 그늘 사이 끼인 햇살은 공중에 계단을 만들며 스스로 오르는 법을 아는 듯 투명한 몸을 낮추는데 나비는 공중의 계단을 오르는지 자꾸만 절뚝거린다. 아, 오를수록 내려서서 공중의 길을 지키는 거미줄의 저 팽팽한 고요의 중심은 무엇인가.

에필로그

길은 어둠을 가볍게 읽지 않는다. 이제 어둠 속의 중심은 고요가 아니다. 절뚝거리며 중심을 찾아가는 슬픈 생生이여 삶은 아직 지나가지 않았다.

거짓말처럼 23
–꽃잎, 기억 속으로 지다

꽃잎이 진다. 떨어져 날리다 뿔뿔이 흩어지는 벚꽃잎 속으로 뼈마디를 풀어 헤치는 내 마른 가지의 깊은 상처들.

문을 연다. 흔들리는 알전구 불빛 아래 어머니의 졸린 눈빛이 꿰매다 만 양말에 실밥처럼 붙어 있다. 졸린 눈을 비벼가며 아직 오지 않는 우리들의 귀가 길을 찾으시던. 머리카락에 바늘을 문지르며 골목길 모퉁이에 등燈을 다시던. 들어서면 빼근한 졸린 눈빛의 뼈마디쯤 서러운 줄 모르고 환하게 피어나던 어머니의 야윈 꽃잎들.

뒤집힌 양말을 다시 뒤집어 보지만 내 마른 가지의 상처 위에 꽃잎이 피기 전 아, 아 야윈 꽃잎이 진다.

거짓말처럼 24
–오래된 햇살은 향기가 난다

아무도 찾아오지 않아 온기마저 삭아버린 빈집의 울음을 들었을까. 처마 밑 거미줄이 채집하지 못한 그리움들을 껴안고 햇살이 생각에 골똘하다. 삭아버린 온기에 꽃물을 들이고 싶은 걸까 녹슨 양철지붕의 외로움과 잡풀들의 긴 기다림을 들으며 잡풀들 사이로 흐르는 순한 벌레소리 모아 햇살이 물감을 푼다. 바람이 텅 빈 닭장의 흙먼지를 털며 먼지 낀 날들을 추억하는 동안 층층으로 붉은 꽃잎이 터져 나온다. 바싹 마른 땅을 딛고 깊어진 향기들을 머금은 빈집의 고요가 햇살의 향기를 길어 올린다. 햇살의 향기가 환하게 문풍지에 물들 때쯤 그렇게 가을은 간다. 산다는 것은 낮은 어깨를 마주하고 서로를 위로하며 걸어가는 일인데 빈집에 그리움들을 남겨두고 떠난 사람들. 어디쯤 돌아오고 있을까. 햇살의 영혼이 아직 빈집에 남아 환한 햇살이 들어설 때마다 빛바랜 벽지 속 장미가 아우성이다. 오래된 햇살은 향기가 난다.

2부 · · · 유배지에서

거짓말처럼 25
–겨울 포도밭

거친 삭풍이 불었다. 반쯤 벗겨진 비닐하우스의 비닐만이 텅 빈 포도밭을 떠나지 못해 발을 동동 구르고 있었다. 여름 한낮의 뜨거운 함성들이 모두 떠난 포도밭엔 빈몸뿐인 포도 줄기들이 일렬로 서서 양팔을 벌린 채 다가오는 추운 겨울의 슬픈 문장들을 예감하고 있었다. 산까치가 땅 위의 쭈글쭈글한 몇몇의 포도알을 주우며 지난여름을 추억하는 동안 포도밭을 누비던 경운기의 날 선 바퀴자국은 흙바람에 천천히 시들어 가고 있었다. 이렇게 겨울이 갈 것이다. 마른 포도잎들이 엉킨 채 말라버린 땅은 떠난 슬픔들을 잊으려 꿈을 꿀 것이다. 황량한 포도밭에 흰 솜 같은 눈송이들이 내리고 따순 봄 햇살이 찾아와 깔깔거리며 깊은 잠을 깨울 때까지 부르튼 두 손을 가슴에 얹고 누워 밭을 떠난 늙은 농부의 발자국소리를 기다릴 것이다. 뒤집힌 흰 손을 펄럭이는 포도잎 사이 보랏빛 꿈을 키울 것이다.

거짓말처럼 26
―등꽃

밤꽃 향내를 찾아 나선 도둑괭이처럼
천천히 흙벽을 오르는 호박덩굴.
햇살은 보이지 않는데
젖멍울 선 암꽃은 노란 등을 든 채
자궁을 열고 있다.
텅 빈 고요가 매듭마저 풀지 않고 서서
가만히 들여다본다.
아무도 찾아오지 않는 삶은 누구나 쓸쓸한 법이다.
흙벽을 움켜쥐고 홀로 길을 찾는
아직 솜털 보송보송한 작은 호박잎에
두근거리는 햇살의 심장소리가
밀봉된 채 초록빛으로 물들어가는
가뭄 진 팔월 여드레 담 모퉁이.
둥근 달이 올라와
호박덩굴이 번져가는 발자국소리를 엿듣는다.
헛딛는 삶처럼
띄엄띄엄 이어진 발자국을 따라
노란 등을 켜 놓으며
호박덩굴이 어둠을 밀어내고 있다.
둥근 달을 낳고 있다.

거짓말처럼 27
–관 안에 눕다*

검은 관이 문을 열었다
내 무덤이었다.
햇빛이 비스듬히 걸어 나갔다.
탁, 관 뚜껑이 입을 다물었다.
붉은 십자가 흰 천이 문을 잠궜다
칠흑 같은 어둠 속에서 삶이 울었다.
죽음이 따라와 함께 누웠다.
똑, 똑 관 안의 죽음이 물었다.
잠시 들른 삶이 힘겹냐고.
주르륵, 삶이 울었다.
나의 성지聖地였다.

*피정 : 천주교. 기도 등을 통한 수련

거짓말처럼 28

—구도求道

장맛비 온다. 걸으면 걸을수록 발목으로 수직 낙하하는 빗방울들. 우기雨期에 갇힌 싱싱한 붉은 꽃들의 꿈들을 씻어내는 축축한 우울이다. 켜켜이 젖은 시간이 절여져 떨어진 이파리는 흙탕물의 엉킨 내력들을 더듬으며 납작 업드린 채 귀 기울인다. 툭, 투두둑 지상에 힘껏 부딪치는 마지막 죽음의 결행. 햇살의 향기를 기억하는 붉은 꽃들과의 사랑이다. 한때는 푸른 단색의 꿈이었을 하늘이 욕망의 그늘로 창백하다.

차갑게 식은 불모의 땅. 소리 없는 울음처럼 둥근 기억들을 밟고 지나가는 바람들…… 아직 제멋대로 덜컹거리는, 저 바람 속에 문득 붉은 꽃의 뿌리가 보인다. 외로운 새 발자국을 닮은 뿌리가 빨아들인 그늘 속 기억은 언제쯤, 썩지 않을 햇살 등을 들고 절여진 젖은 시간들을 한 겹 한 겹 말릴 수 있을까. 축축한 우울들이 들어 올리는 붉디 붉은 삶의 향기 맡을 수 있을까. 죽음마저 두려워하지 않는 빗방울의 마지막 결행. 껴안을 수 있을까. 아, 구제받지 못한 지루한 장마의 숨결은 아직도 끕끕하다.

목이 탄다.

거짓말처럼 29
–호접몽胡蝶夢

겨울이 왔다. 다 닫아버린 나무와 꽃의 마음들. 보이지 않는다. 어딘가 길이 있을 것이다. 언젠가 검은 나무 뒤에서 숨어보던, 나비가 찾아오는 천상의 길이 있을 것이다.

한낮 동안 빈몸으로 마음의 눈을 닫아버린 나무 위로 지나쳐가는 사물들. 햇살, 바람, 몇 마리의 새, 먼지들…… 보이지 않는다. 순식간에 낮의 길이가 지워진 길 위로 어둠이 또 한 장의 어둠을 덮기 시작하면 길 밖의 어둠은 길 위의 어둠보다 더 어둡다. 그때서야 비로소 길은 열린다. 한낮의 따스한 햇살과 바람, 먼지, 새소리를 품어둔 나무는 그제야 마음의 눈을 틔워 어둠을 맞는다.

혜림원에 온전치 못한 얼굴과, 팔과 다리를 가졌다는 이유만으로 세상이 닫아버린 아이들이 산다. 거짓말처럼 환장할 영혼들이 산다. 비 그치고 바람 부는 날일수록 시들지 않는 영혼들. 먼저 환한 마음의 눈 뜨는 자. 볼 것이다. 닫힌 나무와 꽃, 나비들이 찾아오는 천상의 길. 볼 것이다. 아이들의 불확실한 언어 속 혀가 일러주는 눈곱 낀, 때로 눈물샘에 비친……

거짓말처럼 30
–삶은 언제나 두 개의 얼굴을 기억한다

1. 무감각한

75db로 소용돌이치는 매미들의 항쟁소리. 꽉 찬 정오의 지루한 더위를 뚫고 무감각한 지상에 발설되는 수천의 뿔을 단 말의 뿌리들이다. 푸른 이파리들마저 귀를 막고 몸서리치는 땡볕 속 문장들. 한때는 미끄러워 그리웠던 그늘 가득한 소리. 푸른 잎의 뿌리들은 자라나 저녁을 맞이하고 잠이 들지만 결코 아침을 기다리지 않는 어제의 편자編者.

밤꽃향기처럼 우거진 저 울음소리도 언젠가 내 그림자를 떠나리라.

2. 무의미한

포구의 새벽은 쓸쓸하지만 기다림은 싱싱하다. 바람의 높낮이를 오르내리며 반란처럼 최후에 목숨을 거는 파도처럼. 악물고 직각의 비행으로 울컥, 한 끼를 물어 올리는 바닷새처럼. 저마다 삶을 밀어 올리고 있다. 산다는 것은 본능처럼 웅크리고 외로움을 견디는 것. 바다에서 돌아오지 않는 지아비를 기다리는 여자처럼 삶은 언제나 두 개의 얼굴을 기억한다.

하루하루 흔들리는 삶에서 우리에겐 조용한 기다림이 있을 뿐이다. 깨끗한 삶과 죽음을 기다릴 뿐이다.

거짓말처럼 31
—보호 구역

맨발로 웅성대며 기웃거리다 잠이 드는. 시장통 모퉁이 닭집엔 보호구역이 있다. 선택되는 순간까지 살아 있어야 할 운명이 의무처럼 주어진 곳. 아무것도 기억되지 않는 곳이다.

솥뚜껑을 열자 백열등빛 아래 솟아오른 김이 환각제 같다. 파닥거리며 아침을 재촉하던 몇몇이 방을 비웠다. 닭집 여자의 붉은 장갑이 그들의 길을 지웠다.

아직 고여 있는 힘줄 속 핏물을 천천히 게워 놓으며 버림 받은 햇살들 한 올, 한 올 놓고 있는 맑은 수돗물 속 흰 닭발들. 길을 찾고 있다. 비 오는 날일수록 땅 위에 꾹, 꾹 눌러쓰던 집으로 오는 화살표들. 못다 한 귀가를 서두르는 걸까. 엉켜 있다.

단번에 잘라내던 칼자국을 마셔버린 둥근 도마는 불 꺼진 지금도 젖어 아픈데 닭장에 살아남은 닭들은 한 뼘씩 짧아진 밤 길이에 끼니를 세고 있다. 늦잠에 살 오른 붉은 닭벼슬 세우고 있다.

거짓말처럼 32
—우렁이

좌판에 쪼그려 앉은 붉은 함지 속에
우렁이 부르튼 입을 문지르며 오르고 있다.
온몸을 구겨 넣은 등짝에
검버섯 핀 옷 한 벌 얹혀 있다.
지금까지 저렇게 무거운 짐을 지고
걸어 왔을 것이다.
부르튼 입으로 온몸을 지고
묵묵히 탯줄 같은 제 길을 오르는
붉은 함지 속 우렁이.
물소리를 기억하는지
물에서 나와 뭍을 향하여
땡볕 속 고행의 길을 가고 있다.
말라버린 지붕이 쩍쩍 목 마르는데
물소리 속 헛된 휴식이
붉은 함지를 뒤흔든다.

거짓말처럼 33
—서툰 삶이어도

냉장고 돌아가는 소리에 여자가 운다. 노란 파마 머리카락이 마른 잡풀처럼 엉켜 있다. 흔들리며 짓밟히던 날들이 눈물 속에 반짝인다. 간밤에 툭, 툭 터져 나온 빗방울들이 풍란 닮은 소녀를 기억이나 했을까. 젖은 눈가에 잃어버린 꿈처럼 반쯤 지워진 화장이 말라 있다. 여자가 허기진 기억을 찾아 피워 문 담배 연기 속으로 무성영화처럼 흘러가는 생生을 오래도록 바라본다.

엉킨 머리카락을 쓸어 올리는 손톱에
매니큐어가 반쯤 벗겨져 있다.
여자는 분명 간밤에
꿈을 찾아 월담을 했으리라.
매니큐어 지워진 손톱을 보면.

냉장고마저 잠시 말이 없다. 여자가 거울 앞에 선다. 끊어진 필름처럼 거울 속엔 낡은 선풍기가 돌고 있을 뿐 소녀가 없다. 누런 벽지에 스며드는 눅눅한 바람이 벽에 부딪쳐 쉼표처럼 잠시 끊어진다. 이젠 말할 수 있을까. 터지는 빗방울소리 속으로 기억처럼 떠오르던 환한 이 슬픔 덩어리를. 휘청거리며 돌아서는 어깨 뒤로 흐릿한 형광 불빛이 깜박이며 다독인다.

여자가 화장을 지운다.

거짓말처럼 34

―소멸消滅

흰 나비들이었다. 아지랑이를 발목에 묶고 날아드는. 떠오르다 떨어지며 길을 찾는. 흰 나비 떼…… 울퉁불퉁한 지상의 모든 색들을 지우며 공중을 떠돌다 좁다란 골목길을 돌아 집으로 가는. 발자국이 남았다면 그건 욕심일 것이다. 게을러 지지 않기 위해 욕심마저 비워놓은 저 가벼운 행보行步 속 울음마저 삼켜버린 눈물을 헤아려 본다.

어둠을 밟고 온
어금니 깨문 가슴속 눈물이 차츰
네 육신마저 가볍게 했을 것이다.

병실 창가에 한쪽으로만 누운 어미의 흰 동공 속으로 날아드는 흰 나비 떼. 몰래 숨어들다 슬그머니 매달리는, 깡말라 쭈글쭈글해진 가죽마저 물고 늘어지는 저 흰 나비 떼. 햇살 고일수록 웅크린 어미의 짜디짠 삶이 천천히 관절을 놓는다. 어금니 깨문 내 가슴이 텅 빈다.

거짓말처럼 35
–노란 사랑

햇살 몇 알갱이에 그을린 검은 돌.
꽃향기에 취해 얼굴 화끈한 붉은 호랑나비.
푸른 하늘에 팔랑거리는 민들레의 노란 손수건.

여름내 텅 빈 등뼈 속에 고이는 투명한 햇살들이 질긴 뿌리들의 생生을 길어 올린다. 그 단단한 믿음 하나로 민들레는 노란 사랑을 한다. 달콤한 바람이 전하는 강물 위의 은빛 연서戀書를 읽으며 노란 손수건을 마을 쪽으로 흔들다가 흔들다가, 노란 속향을 풀며 기억의 강을 더듬어 멈췄다가 다시 흔들리다가……

햇살이 햇살이 부서지고 있다.

거짓말처럼 36
—사후死後

홀로 남은 자의 저녁이 쓸쓸하다.

언제였던가.

붉은 암석 속에 갇혀버린 사막의 모래바람처럼 체념의 밤과 낮을 찾아 발목이 시리도록 무심히 무심히 돌아다니던. 청춘의 욕망이 눈과 귀와 입을 막고 오직 탈영을 준비하던. 침묵과 아직 사이. 보았을까.

언제였던가.

짜릿한 절망 앞에서 깨진 얼음장처럼 떠내려가던 무수한 발자국들. 거미줄에 맺힌 이슬처럼 육신마저 차갑게 식어 가면 어쩔 수 없구나. 잃어버린 시간의 의식들이 내 몸을 빠져 나가고 끝내 어둠이 찾아오면 내 생의 미련들은 침묵 속에 흐느끼리라. 아, 어쩔 수 없구나. 이제 젖은 흙들이 내 굳은 몸을 묶으리라. 자꾸 자꾸만 부둥켜안으리라. 푸르른 침묵과 이미 사이.

나는 소풍을 꿈꾸리라.

거짓말처럼 37
—불협화음

살갗을드러낸진흙속에누군가앉아있다.
우렁이찾아나선햇살들이그리워
연잎속에숨어사는걸까.
돌아앉은등짝이갈대처럼휘었다.
달빛에물든반백의연잎속으로들려오는숨소리.
크르렁거린다.
고르지못한기침소리가연잎을흔들고
물한모금마시지못한길들이
등뒤로지워진다.
펄럭이는바람은맨발로길을찾아떠나는데
그는아직몸이아프다.

알알이가슴에박혀연밥처럼익어갈
그해여름의마른번개와천둥소리를기다리는걸까.
한올,한올바람이흔들고지나간발자국마다
푸르디푸른숨소리남아있다.
마른잎이기다리는정적속의생좌를지켜보며
샛강을따라온달의질문같은비를맞는다.
강물위에둥근불립문자들이일어선다.
통점痛點으로번져가는어느영혼의목소리를
듣는다.

거짓말처럼 38
—햇살

햇살을 여자로 보지 마라
따뜻함 속에 온갖 색色들을 품고
어둠과 등 댄 채
세상으로 가슴을 풀어헤친
환한 유혹 뒤로
마음속에 심어둔 저 욕망의 불씨들.
가시 박힌 붉은 향기와
밤꽃 비린내를 토해내는
검은 영혼의 여자.
푸른 첫사랑마저 떠나보내며
다시 사랑을 꿈꾸는
투명한 저 알몸의 여자.

거짓말처럼 39
―허, 그것 참

허, 그것 참. 박 씨의 동공 속에 먹구름이 잔뜩 들어와 있다. 왼 손가락에 물린 담배가 슬픈 가락처럼 연기를 피워 올리다 재를 턴다. 휠타 끄트머리를 씹힌 꽁초가 등껍질이 터지며 재떨이에 찌그러진다. 박 씨의 뒷머리에 세월을 앞질러 온 듯 흰머리가 유난히 짙다

아니어저께술도같이마셨당게허긴그때도울기만허대지엄니가자꾸만꿈에보인다고이제사말이지만지엄니작년에목메고일년만이제어쩜지어밀찾아간거여안그려그러게말여참안되었당게그게지애비재작년에죽고나선게서너해됫재인제마흔살인디……

삶과 죽음의 경계에서 풀어지는
오래된 회한悔恨의 기억들이 덜커덩거리며
접혀지지 않았다. 오랫동안.

부의금 봉투에 노잣돈을 불어 넣는 박 씨의 양 볼에 바람이 잔뜩 채워졌다. *賻儀*. 흔들리는 글씨가 흰 봉투 위를 걸어간다. 얼마나 더 걸어야 가벼워질 수 있을까. 마루에 앉았던 박 씨가 일어선다. 뜻 모르는 강아지는 어딜 가냐고 끄긍 대며 꼬릴 흔드는데 허, 그것 참, 박 씨는 지금 이 씨네 상가로 간다.

거짓말처럼 40

—폭우暴雨

소리 내어 울던 붉은 흙탕물이 뜯어먹은 밭둑 끄트머리에 맨발로 남은 흙을 악착같이 움켜쥔 저 옥수수 가족들. 몇은 허리 꺾인 채 아직 비바람에 흐느끼는데 왜 흙탕물은 허방을 꺼내었을까. 한평생 지켜온 삶을 겁탈당하고도 불안한 죽음을 구석구석 핥고 있는 저기. 잃어버린 신발들을 찾아 뭍으로 뭍으로 오른 몇 마리의 붉은 오리들처럼 두리번거릴 뿐 흔들리다가 잠시 술렁이다가 헤매이는. 쨍, 해가 떠도 남은 생을 악착같이 움켜쥘 의사의 꿈들 가득한 저기. 잔인한 슬픔들 우르르 꽝꽝한 저기. 아직 살아야 할 설운 삶들이 밤새 뒤척이고 있다.

거짓말처럼 41
—항해일기

2008년 6월 14일.
등 뒤의 바람막이 비닐을 찢을 듯 구기며
비바람이 들이치네요.
그날 당신이 올린 닻처럼 등 떠밀려요.
좌판에 올린 고등어가 자꾸만 미끄러져요.
빗물이 등 푸른 지느러미에 닿을 때마다
푸른 파도가 밀려와 지느러미를 세우나 봐요.
당신이 떠난 지 아홉 번의 겨울이 가고
가끔씩 누군가 아이들의 안부를 물을 때면
좌판의 붉은 함지가 겹쳐 보여요.
궤짝 위에 빗방울이 터질 때마다
금방이라도 만선의 뱃고동소리가
뚜우, 들릴 것만 같은데
아직 들리지 않네요.
빗물에 떠밀리는 벚꽃 잎처럼 흘러가는 사람들 속에서
저는 어느 곳에 정박의 닻을 내릴까요.
이젠 내리고 싶어요.
어둠 속에 자꾸 자꾸만 흰 끈을 끌고 오는
저 고단한 파도의 맨발 속으로
등 푸르게 익어가는 당신의 아이들을

기억하나요.

거짓말처럼 42
−늙은 낙타

비좁은 버스매표소에 자판기처럼 앉아 있다.
다가서는 햇살이 매표소 안을 토막낸다.

고개를 숙이며 매표구에 얼굴을 들이 밀었을 때 계산되어 나오는 동전처럼, 가래 끓는 기침소리를 떨어뜨리는 늙은 낙타.

기다리는 사람들의 발밑으로 흩어진
짧은 대화들을 지우며
덜컹거리는 버스가 고단한 듯 멈춰 선다
아버지도 저렇게 사막을 걸었을 것이다.

뜨겁게 달궈진 모래 위를 기어가는 도마뱀의 짧은 꼬리. 아가리를 벌린 채 먹이를 찾아 헤매는 회색빛 개미의 투명한 눈. 말라버린 흰 뼈의 죽음마저도 흐트러지지 않고 바라보는 깡마른 선인장의 날카로운 가시처럼 길을 찾기 위하여 낙타는 모래바람을 마시며 긴 속눈썹을 키웠으리라.

육두봉같이 굽은 어깨에 흐려진 눈망울을
끔벅이는 늙은 낙타. 녹슨 자판기처럼 앉아 있다.
후덥지근한 선풍기 바람이 돌고 도는 매표소에

라디오 소리가 햇살처럼 깨끗하다.

거짓말처럼 43
—독獨 짓는 늙은이

어둠에 그을린 문기둥 모서리에 웅크린 거미 한 마리. 말라 있다. 가끔씩 죽음의 경계를 넘어선 바람이 몸 안으로 들어간다. 죽음이 찢어져 엉킨 삶을 붙잡고 잠들어 있다. 죽음은 고요의 힘줄을 깨물며 허기진 삶을 추억할 것이다. 이미 몸 안의 죽음은 말라버린 고통을 받아들이지 않는다. 간혹 영혼을 잃어버린 죽음은 굳어버린 욕망들 하나씩 바람에 내어주며 말라버린 육신마저 보시할 것이다. 아무것도 소유하지 않은 거미의 오래된 허기진 삶의 문을 닫을 것이다.

거짓말처럼 44
―물의 혀

바싹바싹한 마른 땅 위에 먹이를 찾는 물뱀 한 마리. 스륵스륵 건너오는 저. 둥근 혀를 널름거리며 미련처럼 길을 찾아 지나오는 저. 물렁물렁한 말들.

아무도 찾지 않는 길을 어젯밤의 불빛들이 놓아버릴 때쯤. 나도 놓지 못한 꿈들을 놓아줘야지 돌아서는 때 물렁물렁한 혀는 마른 흰 종이에 말들을 풀어 놓으며 추억에 젖는다.

어디론가 떠나고 싶을 때에도 물은 혀를 함부로 돌리지 않는다. 다만, 잃어버린 사랑에 슬프고 슬퍼 눈물 흘릴 뿐이다.

거짓말처럼 45

–전북 군산시 경암동 572번지*

잊을 수 있을까. 다닥다닥 악다구니로 붙어살아 헤어질 수 없는. 어쩌면 영영 만날 수 없는 휘어진 철길처럼 구불구불한 채 녹슬어가는. 아직도 햇살이 느릿느릿 자리를 옮기는.

맨살에 달라붙는 봄 햇살의 가려움처럼 검은 받침목 겨드랑이에 민들레꽃이 노오랗게 피어오르던. 빈 도시락 속 젓가락처럼 설움의 얘기들만 방 안 가득 덜거덕거리던. 경포천 따라 느티나무만 청,청 햇살의 깊이를 재던. 웅크린 낮은 지붕 밑으로 슬픔에 취한 가난만 풍금소리처럼 새어 나오던.

아플수록 보고픈 사람이 생각나는 것처럼 그리운 것이
우리네 생生 아니던가.

먼지 쌓인 철길 옆으로 무너질 듯 기대고 선 삭은 양철지붕 창고 위에 아무것도 모르는 개나리꽃들이 깔깔대며 걸어가는. 저 빛바랜 무늬만 남은.

*집과 집 사이로 열차가 지나가는 마을.

거짓말처럼 46
-연꽃

소낙비 속에 우우우 꽃이 피어난다. 입을 꼭 다문 여인의 양볼처럼 발그레하다. 늦게 피어날수록 흔들리고 흔들리던 꽃잎과 꽃잎들이 겹쳐 봉긋하게 솟아오른 젖멍울 선 저 젖가슴들. 빗방울이 닿을 때마다 홀로 흐느끼는 지아비의 말라버린 눈물처럼. 청아, 청아 목 메여 흔들릴수록 붉은 빛을 길어 올리는 저 힘은 어둠이다. 임당수에 피워 올린 심청의 핏빛 사랑이다. 마침내 스며들지 못하는 빗방울마저 안아주는 연잎과의 동거이다. 빗방울의 마지막 죽음을 위해 봄 햇살에 가슴 풀어 흐느낄 어느 잠든 영혼의 슬픈 사랑이다.

거짓말처럼 47
—납작한 죽음

땡볕에 지렁이 말라 있다.
휘어진 채 납작해진 마른 몸
하고픈 말처럼 모래알들이
다닥다닥 달라붙었다.

숨소리 같은 둥근 마디마저
납작한 죽음이 되어버린 알몸.
어딜 찾아가다 잠들었을까

햇살의 독배를 마시며
먹구름을 꿈꾸었을 저 고된 삶은
알고 있었을까
죽음이 이처럼 납작하다는 것을.

거짓말처럼 48

–분재 그리고 불면증

열여드레 가뭄 지나도록 사지四肢가 철사줄에 묶인 채 푸른 잎을 품어 올린 철쭉의 미련한 생生의 집착이 이토록 아름다운 줄 몰랐습니다.

잘려나간 팔의 상처마저 밖으로 내보인 채 자꾸
자꾸만 공중을 헛딛는 가슴 찡, 한 불구의 생生이
이토록 아름다운 줄 몰랐습니다.

젖가슴을 도려낸 것처럼
패인 둥근 옹이에 손끝을 대어 본다.
뒤척이는 늙은 여자의 거친 숨소리가 묻어난다.
한때, 초경보다 진한
붉은 꽃을 피우던 여자.
흠집처럼 햇살 속에 환한 미소 흘리던 여자.
잘리던 아픔과 뒤틀린 채 묶인 고통마저
핑 도는 눈물처럼 안으로 안으로만 삼키던 저 여자
아직 사랑하는.

이토록 아름다운 줄 몰랐습니다.

거짓말처럼 49
-늙은 거미

나는 지금 기다리고 있다.
내 신경의 포충망에 수신된 언어들이
귓가를 헤매인다.
저 펼쳐진 미로 속에 갇힌 너희들의 흐느낌은
흔들릴수록 허기진 나의 양식일 뿐
너희들의 발자국은
생과 사의 안과 밖을 서성거릴 뿐.

나는 지금 울고 있다.
공중에 서서 미아의 목숨을 조르는 나는
찢어진 문을 닫으며 울고 있다.
아느냐, 죽음을 기다리는 늙은이의 외로움을.
빠져나간 어둠이 돌아와
욕망의 깃발을 세우고 다시 펄럭인다.
저주할 수 없는 매음처럼
은밀하게 거래되는 이 입맞춤을
저주하라

당신의 생生을 위해.

거짓말처럼 50
―실 무늬를 읽다

목재의 무늬 결을 더듬는 그의 손길이
어느새 산을 오른다.
산길을 짚어 가듯 손끝으로
산맥을 따라 오르던 나무들이 천천히 걸어 나온다.
목재를 추려내는 그의 이마에 솟아오르는 땀방울 속으로
맑고 찬 산 속 바람이 불어오고
새와 햇살들의 속삭임이 들려온다.
산 속 이야기를 담은 땀방울이 떨어져
나무의 혈맥을 찾으면
귀에 꽂힌 석필의 눈은 반짝이기 시작한다.
나무의 급소마다 석필이 수목한계선으로 그어지고
교차점을 따라 한 치, 한 자 다듬는 대팻날이 혈맥에 닿으면
아픔처럼 깎이는 속살들이 수목한계 그 어디쯤
자라난 깊은 계곡을 부른다.
깎이면 깎일수록
다시 살아나 빛을 이루는
저 나무의 출렁거리는 새로운 탄생처럼
지문같이 이어진 가는 나이테를 더듬어
산을 오르고 혈맥을 찾아
이윽고 못을 치는 그의 눈은

이미 계곡의 바람과 새와 햇살들의 속삭임을 읽으며
환히 웃고 있다.

거짓말처럼 51

—유배지流配地에서

선착장 맞은편 장미다방 유리창엔
아침 햇살을 이불삼아 넝쿨을 키우는
더 이상 자란 적 없는 장미가 자라고
땀내음 밴 갯바람이 장미꽃을 기다리다 기다리다
잠이 드는 섬 같은 이층 쪽방에 그가 살고 있다.

가끔씩 뱃고동 소리가 등대불빛처럼 떠오르는 밤이면
쪽창으로 마실 나온 달빛과
바다 소식 그리워 밤새 하얀 파도인 양 뒤척였다.
어디선가 소금기 밴 새 울음이 부서지면
떠나지 못하는 바다를 향하여
장미 넝쿨 같은 담배 연기만 풀었다.
멀리 선착장에 고삐 꿰인 휘어진 뱃전이
물러설 수 없는 그의 생生을 썰물 위에 비춰 주었다.

마른 갯벌 위에 갯바람이 와와 바다를 향해
그의 생을 호명할 때마다 갈대숲을 깨우며
서서히 일어서는 밀물의 흰 지느러미들.
그의 눈빛에선 아직 비린내가 났다.
선착장 모퉁이 좌판에 누운 마른 생선들이

잃어버린 꿈들을 찾아
바닷바람을 불러 오는지
한 떼의 파도가 둑방에 부딪쳐 풀어졌다.
떠날 수 없는 그의 허기진 꿈들이
파도가 되어 돌아오고 돌아오고 있었다.

마악, 차 배달을 떠나는 장 마담의 오토바이 소리가
뚜,뚜,뚜 깨어 있으라 깨어 있으라 신호음으로 울리고
출어의 꿈을 깁는 그는 오늘도
섬을 떠나지 못한다.

3부 · · · 귀가도를 읽다

거짓말처럼 52
-회귀回歸

길을 더듬어 암벽을 돌아가는 덩굴식물같이 흙의 힘줄들을 모아 실핏줄로 번져가는 흰 뿌리들처럼. 지상과 지하의 경계를 넘나들며 해안도로 교각의 둥근 기둥같이 서서 햇살의 걸음걸이를 따라 제 그림자를 기다리는 늙은 은행나무처럼. 어둠과 햇살, 비와 바람에 말라비틀어진 듯 공중으로 뻗어나간 마디와 휘어진 가지 끝에서 흔들리는 마른 이파리처럼.

종묘공원 벤치에 웅크리고 앉아 마지막 꽁초마저 빨지 못하는 늙은이. 이마 위로 지나는 햇살의 걸음걸이를 따라 제 그림자를 기다리다 늙어가는 사람. 바람마저 숭숭 새나가는 얇은 점퍼 속 쭈글쭈글해진 몸으로 기다리는 것은 무엇일까. 아지랑이와 흙먼지가 바람에 섞여 찾아오는 때. 흔들리다 떨어져 나간 이파리들이 푸른 실핏줄로 돌아오는 때.

무덤처럼 웅크린 어깨 위로 흩날리는 새털구름들……

거짓말처럼 53
–반복률

변방의 어둠 속을 빠져나온 새 한 마리가 아침 속에서 푸덕이고 있었다. 햇살은 빌딩숲 유리창에 닮은 길을 가둬 놓고 자꾸만 유혹하였다. 나아갈 수 없는 새. 자꾸만 유리창에 머리를 부딪고 떨어지다 공중에 다시 떠올랐다. 저 유리창만 통과하면 세상 속에 기다리고 있을 새끼들의 허기진 아우성을 달랠 수 있으련만 빌딩의 유리창은 자꾸만 환상의 도시만 방영하였다. 필름처럼 이어진 또 한 장의 유리창 위로 햇살이 눈을 찌르며 다가오는 동안 잠시 초조해진 눈길은 한 장과 두 장의 경계를 내려다보며 발톱을 구부렸다. 구부린 발톱 사이 흔들리다 열리는 출입문 위에 먼지 낀 간판 사이 감았던 눈을 뜨는 새끼들의 눈을 보았다. 길 아래 또 다른 길이 있었다. 열리다 닫히는 출입문 사이로 더운 바람이 올라와 깃털을 잡아 당겼다. 두리번거리는 새의 등짝에 에어컨의 찬 물방울이 총알처럼 떨어져 부서졌다. 찻소리가 유리창에 부딪쳐 돌아가라 돌아가라 쇳소리를 냈다. 산다는 것은 죽을 때까지 뛰어드는 불나방처럼 추락하는 것. 다시 차오르는 날갯죽지 밑으로 부신 유리창의 경계가 가슴을 열었다. 햇살이 조각구름을 뚫으며 천천히 길을 밝혀 주었다.

거짓말처럼 54

―행간行間*

내가니아바이랑피난나올적에구월산우영골새얀물에서거, 허세라는곳인디니누이는항아리속에넣어서소달구지타고오는디인민군들이폭격을했서. 네살난니누이를더깨로둘르고보니신발이업네. 거, 꿈결거태황해도옹진거기, 섣달초하루해변에서사흘밤낮을자니께큰군함이와서타는디서로타려다빠져죽고거저사흘밤낮을가다거기, 초도에서내리고강일순네도내렸는디우영골에서온사람들은열병에다아죽었서박기복이아버지는조개먹고열병에죽고거저자고나면역서적서죽어나가서큰공동묘지가생겼다고했승게산거이산게아니었지. 거, 동상은인천서내릴려다배대는선착장이높아못내려서우린군산서내렸는디동상은농사짓는집서새쫓고살고나는거, 저신풍리영명농원옆전치과집서일하고해서살았지. 아, 구암학교하꼬방에서살면서먹을거이업서서굴을뜨란에말려두면문지기네엄마는한주먹씩가져다아들애비다주고그랬지다아그러케살았지뭐그땐……

개망초꽃살구꽃눈물꽃 일렁이는
아무것도 기억하지 않는 햇살 속
어머니의 기억들
보이나요?

*기록되지 않거나 의도적으로 매몰시킨 이야기

거짓말처럼 55
—봄 안의 말

밤새 뜰 안에 뛰어든 봄의 말들이
푸른 이파리 속에 숨어 있다.
휘어진 몸으로 추려낸
푸르디 푸른 봄의 말들.
오톨도톨 햇살들을 묻힐 때마다
잠시 들른 눈물 닮은 영혼들
어둠을 털며 길을 떠나고
무지개를 꿈꾸며
모래바람 짙을수록
등 푸르게 익어갈
봄 안의 말들.
간밤의 빗소리 깊을수록
싯푸르게 쏟아져 나올 생각 속의 저 말들.
이제 세상 속에 박혀
푸른 꽃 대궁을 피워
천천히 붉은 눈을 뜨리라.

가만히 들여다보면
뿌리가 넓을수록 단단하다.
단단한 잎 속에 말씀이 숨어 산다.

거짓말처럼 56
—투명한 말言

긴 여행의 좌석에서 풀려나는 기착지에서
경계심을 풀지 않는 사람들처럼
무섭게 길 끝의 길을 끝없이 뛰어드는
말들이 낯설다.

바람 속에서 흩어지다
한 점으로 부서져 눈을 뜨고 싶은 말들
둥근 제 몸을 터뜨려
전하고 싶은 말은 무엇일까.

툭,투두둑 참았던 말들이 숨 가쁘게 터져 나왔지만
등 굽은 가등만 누군가의 말을 들으려 귀 기울일 뿐
사람들은 우산 속에 얼굴을 가린 채
바람을 털며 힘겹게 지나쳐 간다.
안테나 닮은 우산을 타고 수신되는 비의 말들……

우산 끝으로 내 몰리다 떨어지는 말들에 손을 모은다.
가만히 들여다보면 천천히 눈을 뜨는 말들이
손바닥을 환하게 밝힌다.

멀리 흐릿하던 세상이 깨끗해진다.

거짓말처럼 57
―빈 의자

진눈깨비가 내린다.
출어 깃발처럼 펄럭이는 선술집 양철간판 밑에
나무의자 하나 앉아 있다.
벽에 줄지어 선 안주들처럼 견고한 자세로
앉아 있다.
누구를 기다리는 걸까. 움직이지 않는 의자는
텅 빈 절망 속에서 꿈을 꾼다.
제자리를 찾지 못한 진눈깨비는
너무 쉽게 의자를 지나쳐가고
길은 저만치 몇몇의 행인들을 보내고
아무 일 없다는 듯 서 있다.
어둠 속에 손을 편 팔뚝 같은 겨울나무는
칼바람에 손 시리다는 듯 손가락을 오므리며 중얼거린다.
막차를 기다리는 사람들처럼 진눈깨비가
나무 밑 구석진 자리에 옹기종기 모여 졸고
의자는 외투 같은 어둠을 벗으며
등짝 같은 자리를 비워 놓는다.
여전히 누군가를 기다리는 듯
눈빛조차 움직이지 않는다.
앙상한 겨울나무가 손가락을 흔들며 의자를 위로하는데

옹기종기 모인 진눈깨비는
행인의 발자국을 따라 어디론가 떠나간다.

의자의 등뼈가 고단한 듯 휘어 있다.

거짓말처럼 58

—松江河* 근처를 서성이다

얼음장 속에 하체를 담그고 어금니 깨문 내 나이가 흔들렸다. 살갗이 은빛 비늘을 떨어뜨리며 붉어졌다. 어디선가 눈보라가 재처럼 흩날렸다. 재에서 향긋한 꽃내음이 났다. 눈발처럼 흔들리는 수천의 기억들. 아무도 돌아오지 않았다. 얼음장은 두꺼워졌고 어둠만이 내 앞에서 단단해졌다. 몸 안의 근육이 당겨지고 보이지 않는 허기만이 출렁거렸다. 몇 마디의 달디 단 잠이 날아와 박혔다. 하얀 꽃이 뚝, 가지를 꺾으며 떨어졌다. 지워진 길 위에서 종이비행기를 날렸다.

*하늘못 가는 서쪽 문

거짓말처럼 59
—먹줄처럼

한 남자가 계단을 오르네
유난히 뒷굽 닳은 왼쪽 구두가 덜컹거리네.
골목으로 뛰쳐나온 바람 서넛이 남자의
구겨진 재색 바지를 잡아 당기네.
기우뚱, 손잡이를 붙잡고 올라서는 무릎 근처
녹슨 흐느낌 소리 들리네.
각진 계단 모서리에 가로등빛 부서지네.
블록담에 기댄 장미꽃이 그냥 웃네
남자는 몰랐네.
슬픈 기억은 뒤축부터 닳는다는 것을.
불규칙한 걸음이 남자가 어깨에 맨
연장가방보다 무거웠을까
남자가 기우뚱거리며
조심스레 내려놓는 발자국마다
서서히 눈을 뜨는 고단한 세간 일들.
흔들릴수록 튕겨놓은 먹줄처럼 바로 걸으려
뒷굽보다 질긴 세상 속을 걸었네
대문 앞에 섰을 때
백열등빛 아래로 드러나는 순하디 순한 아이의 웃음으로
부서지는 굳은살 같은 외로움 한 다발.

어느새 대문까지 따라온 어둠이
손 흔들고 돌아서는 계단 아래
가로등 어깨에 얹히는 별빛조차 뒤척이네.

거짓말처럼 60
–귀가도歸家圖를 읽다

아이가 쭈그려 앉아 무언가 읽고 있다. 발 밑으로 까만 개미들이 긴 행렬을 이루며 가고 있다. 그 길 끝에 아이의 눈이 있다. 개미집을 중심으로 그려지는 길들. 끊어질 듯 이어진 개미들이 오르내리며 지명을 찾아 등고선을 그리고 있다. 아이의 눈길이 잠시 하늘을 본다. 낮아진 먹구름이 어머니의 걱정처럼 내려와 푸른 이파리들을 뒤흔든다. 아이는 맞바람과 싸우며 돌아설 줄 모르는데 어느새 개미들은 강을 지나고 모랫재 닮은 고갯길을 넘으며 흩어진다. 아이가 읽은 것은 무엇이었을까. 개미들이 그린 길 위로 소낙비가 달려 나오자 망설이던 아이는 젖는 바짓단을 접으며 뛰어 간다. 내딛는 발자국마다 기착지로 그려지는 길. 집으로 가는 지도다.

거짓말처럼 61
—부표浮漂

통영항 중앙시장 모퉁이 공작소엔
대장장이 이 씨가 산다.
코뿔소 얼굴 같은 작업대 허리에 바닷바람을 가둬놓고
뱃사람들의 허기진 삶을 망치질한다.
검은 조개탄 사이 풀무가 거친 숨을 몰아 쉴 때마다
벽에 기대어 선 녹슨 망치들이 숨을 멈추고
달궈진 쇠의 급소를 찾는
이 씨의 팔뚝에 푸른 힘줄이 꿈틀거리면
흰 비늘처럼 눈을 뜨는 건지*의 붉은 살갗 속으로
허기진 만큼 침묵할 줄 아는 뱃사람들의 슬픔이
더께로 떨어져 나온다.
깡, 바닷새 울음 같은 망치소리를 가슴으로 삭이는
이 씨의 삶이 쇠망치의 이마에
찢어진 주름으로 말려 있다.
바닷속 항로를 찾아 단단하게 담금질하고픈
이 씨의 땀방울 속에 등대 불빛 같은
부표浮漂가 숨어 있다.
파도에 부딪치며 살아 그리운 흙빛으로 그을린 사람들
하나, 둘 시장통 모퉁이를 지나쳐가도
불의 힘을 모아

만선의 바닷길을 안내하고픈 이 씨의 징글징글한 삶은
아직도 기다리고 있다.
공작소 불빛이 환하다.

*바닷속에 잠긴 물건을 건지는 어구

거짓말처럼 62

—궤적軌跡

구시장 입구 철로변에 고사리를 뒤적이는
할머니의 주름처럼 시간의 흔적이 걸어간.

썰물 진 갯벌 위에 갯지렁이가
갯물처럼 쓸리고 쓸려 탯줄의 흔적마저 지워진.

잘린 무릎에 긴 고무장화를 낀 채 밀고 밀리며
하모니카를 불며 질펀한 어물전 앞을 구불구불 기어간.

오체투지五體投地
우리들 삶이다.

거짓말처럼 63
–혼잣말

헤리스파즐레 상점의 파란 지붕에 앉았던 비둘기가 잿빛 날개를 푸덕거리며 카스답 건물 위로 뛰어 오른다. 순간, 겨드랑이 속 깃털 하나 떨어져 날린다, 빙그르르 추락하지 않으려는 듯 돌고 돈다, 건물과 건물 사이에서 불어 올라오는 바람이 먼 고비사막을 지나온 길처럼 풀어진다. 아직 꺼지지 않은 빈하이젠워그* 모퉁이 카페의 불빛처럼 가슴속 저 밑에서 올라오는 바람 속 저것은 무엇일까. 가슴에 박힌 쓰라린 기억마저 놓지 않으려는 저 둥근 몸짓은 무엇일까. 언젠가 돌고 돌아 제 발자국을 찾고픈 붉은 심장 뒤에 숨은 너, 나의 쿵쾅거릴 그 숨소리일까, 아님 먹구름 속에 숨은 네가 하고픈 그 말일까.

*독일 함부르크. Schwarzenbek

거짓말처럼 64
—단지, 과거일 뿐

네엔겜머*의 평원에 아우슈비츠의 검은 바람이 불어와, 벽 속에 숨은 어느 영혼을 불러. 우우우, 쏟아지는 영혼의 울음소리 들려. 벽을 따라 고해苦海의 시선을 옮기면 몇 살인지 모를 여자아이의 목쉰 울음소리 닮은 검은 바람의 어깨 흔들리는 소리 소리들…… 뒤로 붉은 벽돌 속에 갇혀버린 어린 영혼의 파란 눈이 보여. 하얀 분필로 꾹,꾹 이름을 눌러 쓰며, 떨어뜨린 눈물이 보여. 손을 내어 잡아 봐. 녹슨 철창 사이 거미줄 속으로 흔들리는 저 손, 손들을.

*독일 Schwarzenbek 인근에 있는 유태인 수용소

문학의전당에서 펴낸 박복영의 시집
햇살의 등뼈는 휘어지지 않는다(2005년)

문학의전당 · 시인선 87
거짓말처럼

초판인쇄 2010년 3월 25일
초판발행 2010년 3월 30일

지 은 이 박복영
펴 낸 이 김충규
펴 낸 곳 문학의전당
출판등록 제387-2003-00048호(2003년 9월 8일)

주소 121-718 서울특별시 마포구 공덕2동 404번지 풍림VIP빌딩 202호
전화번호 02-852-1977
팩시밀리 02-852-1978
블 로 그 http://blog.naver.com/mhjd2003
전자우편 mhjd2003@naver.com

I S B N 978-89-93481-51-8 03810